Yaël Braun-Pivet, une femme présidente

Un livre de Fabrice François

ISBN : 9798388756008

AVANT-PROPOS

Passionné d'histoire et de politique, actuellement
en poste dans une collectivité en charge de la
Communication et ancien journaliste en radio,
presse écrite et sur le web, ce livre court est une
parenthèse à mes activités qui me permettent
d'apporter ma contribution à la vie publique
française. Le livre écrit n'est pas un ouvrage
partisan. Et rien n'a été inventé ou altéré d'aucune
façon par l'auteur journaliste. Tous les faits
présentés sont vérifiables par plusieurs sources
d'informations…

Mon épouse Saraspadee et mes filles Yanna et
Elsa sont mes refuges. Mon père Jean-Claude
nous a quittés l'année dernière. De là-haut, il doit
jeter un coup d'oeil sur moi. Ma maman est
toujours là. Sa cuisine est toujours excellente. Mes
parents m'ont plongé dès mon plus jeune âge dans
l'univers de la lecture. Et je leur serai toujours
redevable… La politique est venue plus tard. Le
journalisme ensuite…

Yaël Braun-Pivet, une femme présidente

TABLE DES MATIÈRES

INTRODUCTION

Elle laissera à jamais son nom dans l'histoire de nos institutions. Le mardi 28 juin 2022, Yaël Braun-Pivet est devenue la première femme à occuper le fauteuil de la présidence de l'Assemblée nationale.

L'élue LREM de la cinquième circonscription des Yvelines occupe le 4e rang protocolaire de l'Etat.

Une ascension éclair jusqu'au perchoir pour cette avocate macroniste, ancienne du PS et qui s'est surtout fait connaître en déglinguant, en moins d'une semaine chrono, la commission "Benalla" de l'Assemblée nationale initiée en juillet 2018.

Une députée aux ordres dès sa prise de fonction et qui s'est installée cinq ans plus tard à la tête d'un hémicycle qu'elle compte mener à sa guise.
Jusqu'où ira-t-elle ?
Car l'ambition qui coule manifestement dans ses veines est une seconde nature, qu'elle cherche à dissimuler sous des sourires de façade et avec sa longue blonde chevelure flottante.

Juriste de formation et par la suite avocate en droit pénal dans les années 1990, Yaël Braun-Pivet est en train de se façonner un destin exceptionnel à la hauteur de ses compétences et ses ambitions...

1/ DE L'OMBRE À LA LUMIÈRE

Fille d'un salarié d'une entreprise d'affichage publicitaire, petite-fille d'un tailleur juif polonais ayant fui l'antisémitisme des années 1930, Yaël Braun-Pivet a de la suite dans les idées avec un parcours sans fautes (ou presque).

Et comme en politique, il y a des moments cruciaux à ne pas manquer pour les centaines de députés anonymes et qui n'ont que très rarement l'occasion de briller sous les feux de l'actualité.

Yaël Braun-Pivet, a choisi sa date pour sortir du bois et marquer les esprits du grand public et des électeurs.

Le 19 juillet 2018, l'Assemblée nationale est en effervescence dans le sillage de l'affaire explosive "Benalla" et révélée par le journal *Le Monde*.

Yaël Braun-Pivet, une femme présidente

Du côté du palais de l'Elysée aucun son distinct n'est émis pour éteindre l'incendie naissant, les directives présidentielles n'arrivent plus à bon port.

Les oppositions se réjouissent alors d'invectiver et de critiquer tous azimuts un délitement du pouvoir par le haut.

Dans le brouhaha général, les chefs de la majorité présidentielle lancent dans la pétaudière quatre soldats : François de Rugy, président de l'Assemblée, Richard Ferrand, le big boss du groupe LREM et fidèle parmi les fidèles d'Emmanuel Macron, Nicole Belloubet, ministre de la Justice et une parfaite inconnue sortie de nulle part : Yaël Braun-Pivet, élue à la députation dans les Yvelines, et à la tête dans l'insouciance généralisée de la commission des Lois de l'Assemblée nationale.

C'est elle qui va saborder la commission portant sur l'affaire Benalla en deux temps, trois mouvements.

Mise en place le 19 juillet 2018, la commission d'enquête parlementaire doit pourtant tenir ses travaux durant un mois.

Cinq jours plus tard, ladite commission a déjà littéralement explosé en plein vol.

Pour arriver à ses fins, Yaël Braun-Pivet se sert de tous les outils mis à sa disposition et qu'elle agrémente d'une bonne dose de stratégie volontaire ou commandée?

De prime abord, elle n'accepte pas que des auditions publiques puissent se dérouler, préférant des débats en vase clos pour étouffer d'emblée la portée des auditions.

En surchauffant ainsi d'entrée la cocotte-minute de l'Assemblée de la sorte, l'eau risquait de bouillir de trop et la source de chaleur lui brûler les mains.

Elle décide de reculer d'un petit pas pour tout de suite avancer de trois grands pas.

La femme de loi va faire déplacer les membres de la commission ainsi que ceux qui souhaitent participer aux débats et suivre les échanges dans une salle beaucoup trop petite pour recevoir tous les députés.

L'ambiance devient tout d'un coup suffocante et une véritable foire d'empoigne commence.

Yaël Braun-Pivet, une femme présidente

L'atmosphère est électrique et pesante...

Yaël Braun-Pivet après avoir préparé son décor,
va jeter un nouveau pavé dans la mare…

Yaël Braun-Pivet opte sans états d'âme pour une
stratégie additionnelle qui s'avérera payante à très
court terme. La commission est d'avis de
programmer seulement huit auditions.

Au cours des échanges, la maîtresse de cérémonie
remet à leur place les députés qui font des
commentaires ou qui interpellent à nouveau les
personnes entendues.

Pas d'excès de zèle toléré au sein de cette
commission d'enquête. Les députés ont juste la
possibilité de déposer autour de la table leurs
questionnements.

De son côté et à l'inverse, la commission instaurée
au Sénat va obtenir un nombre d'auditions bien
supérieur, soit 48, notamment celle d'Alexandre
Benalla ainsi que celles des proches
collaborateurs du président de La République,
Emmanuel Macron.

Alexis Kohler, Alexandre Benalla et Patrick Strzoda n'ont jamais été auditionnés par la commission de l'Assemblée nationale. Ces derniers peuvent saluer l'audace de Yaël Braun-Pivet pour ce «coup de Trafalgar» millimétré et orchestré comme un point final aux travaux.

Dès lors, Guillaume Larrivé (LR) sort de ses gonds, évoquant un torpillage en règle des fondements mêmes de la commission et fustige des instructions venues d'en haut qui entravent fortement le travail parlementaire.

Il suspend immédiatement son travail de co-rapporteur de la commission d'enquête.

Les autres députés d'opposition lui emboîtent le pas. Alors qu'elle devait faire *«toute la lumière sur les événements survenus à l'occasion de la manifestation du 1er mai 2018»*, la commission Benalla ne tient pas 7 jours.

Yaël-Braun Pivet a fait le job : pas de rapport écrit ne sera soumis par la commission d'enquête sur l'affaire Benalla.

Yaël Braun-Pivet a décoché sa première flèche.

2/ REVIREMENT INATTENDU POUR LE PERCHOIR

Suite aux travaux d'investigation mort-nés en quelques jours autour de l'affaire Benalla, Yaël Braun-Pivet reprend son tablier à la présidence de la commission des Lois.

Dans l'anonymat de son travail, elle se prend à rêver, à voir plus haut et plus fort.

Yaël Braun-Pivet croit vraiment en sa destinée fulgurante d'autant qu'elle semble très appréciée en interne par les jeunes macronistes néophytes des rouages de l'Assemblée nationale et parmi les forces en présence de l'Ancien Monde.

Elle lorgne la place pour s'asseoir sur le perchoir de l'Assemblée nationale et présider les travaux au Palais Bourbon.

Et ça tombe bien, l'occasion fait le larron dixit le proverbe. En septembre 2018, François de Rugy laisse son poste vacant.

Direction obligée pour lui le gouvernement et le ministère de l'Ecologie, après sa nomination à ce maroquin ministériel…

A cette époque dans la foulée, le 6 septembre 2018, Yaël Braun-Pivet ne mâche pas ses mots sur RTL envers Richard Ferrand, celui-là même que l'Elysée a soutenu en off pour la prise du perchoir par le pouvoir macronien.

Yaël Braun-Pivet, une femme présidente

« *On ne peut pas lui contester cette volonté de renouveler les pratiques, mais il ne peut pas l'incarner* », dira-t-elle.

Puis total changement de cap, Yaël Braun-Pivet retire sa candidature au profit du favori d'Emmanuel Macron.

L'ancienne avocate pénaliste indique avoir été amenée à ce revirement de dernière minute après la publication de la profession de foi du président du groupe LREM, Richard Ferrand : « *A la lecture des professions de foi des uns et des autres, j'ai vu que celle de Richard Ferrand (...) correspondait au projet que je souhaitais porter* ».

Devant les micros, Yaël-Braun Pivet la joue profil bas et recule toute penaude dans ses pénates préparant déjà des lendemains qui chantent.

Elle n'a « *subi aucune pression* » et souligne que ce revirement soudain, pour le moins inattendu est une « *décision* » purement « *personnelle* ».

Dont acte de la version présentée par la principale concernée. Elle repart sagement à sa présidence de commission des Lois de l'Assemblée nationale.

Et Yaël Braun-Pivet assiste de loin à la très large élection de Richard Ferrand au perchoir le 12 septembre 2018.

La candidate éphémère au perchoir attend en silence sa revanche et rentre dans les rangs sans broncher…

3/ 2017, UNE ILLUSTRE INCONNUE AU PALAIS BOURBON

En 2017, l'avocate de droit pénal a 46 ans au compteur biologique et porte fièrement dans sa coiffe et ses vêtements sa belle féminité revigorée sous les ors lambrissés de La République...

L'illustre inconnue remporte à la surprise de tous observateurs politiques l'élection législative dans la 5e circonscription des Yvelines.

Tout juste débarquée au Palais-Bourbon, celle qui a battu sous la bannière LREM dans les urnes le député de droite Jacques Myard - après 24 ans de bons et loyaux services passés sur les bancs de l'Assemblée nationale - part à la conquête de la toute puissante et prestigieuse commission des Lois.

La présidence est jusqu'ici réservée exclusivement aux vieux briscards de la chose publique décryptée et qui connaissent parfaitement les rouages huileux de l'appareil parlementaire à la française au Palais Bourbon.

Mais c'est celle qui a vu le jour du côté de Nancy le 7 décembre 1970, qui gagne l'élection, sans pourtant être la favorite des petits papiers élyséens.

Six jours sur sept à l'Assemblée nationale, le rythme effréné n'est pas sans impact direct sur sa vie privée.

La députée avait admis déjà durant cette période ne plus pouvoir voir ses cinq enfants comme elle l'aurait voulu.

Mais ces moments passés loin des siens et du cocon familial n'ont en rien défait l'union de son clan avec un mariage d'amour datant de 2003...

Yaël Braun-Pivet, "mère-poule" comme elle aime se caractériser, est vraiment secondée par son époux dans la fonction parlementaire qu'elle occupe depuis la fin juin 2022.

Son époux Vienne Pivet est en charge du mental de la famille.

Pour en arriver là, le parcours de Yaël Braun-Pivet est singulier et détonnant à la fois. Après une dizaine d'années de prétoire, au début des années 2000, elle met sa carrière de robe noire entre parenthèses.

Avant cela, elle a exercé plusieurs années au côté du pénaliste Hervé Témime, ténor du barreau qui notamment a eu comme client, un certain Bernard Tapie, avant d'installer son propre cabinet, avec deux associés, dans le département des Hauts-de-Seine à Neuilly.

La jeune femme s'envole au début des années 2000 pour Taïwan (2 ans) puis pour le Japon (5 ans) où elle occupera le poste de trésorière de la section locale du Parti socialiste à Tokyo, avant de s'expatrier en terre portugaise durant une escale de 24 mois environ.

La raison de ces périples de globe-trotteuse : elle suit en fait son mari embauché comme cadre supérieur chez L'Oréal.

De retour dans l'Hexagone en 2012, elle essaie de créer une entreprise touristique de location de chambres en séjour court, et ce, avant de faire du bénévolat pour les Restos du Cœur.

Elle est notamment à la manoeuvre pour l'ouverture d'un resto à Chanteloup-les-Vignes puis crée celui de Sartrouville, ainsi que la mise en place de consultations gratuites d'avocat. Afin de permettre aux plus démunis d'avoir un accès à leurs droits et à l'information juridique.

En 2016, Yaël Braun-Pivet frappe à la porte du mouvement En marche d'Emmanuel Macron…

Investie candidate dans les Yvelines en 2017 pour les législatives, elle envoie au tapis un vieux baron de la droite locale, Jacques Myard. Elle remporte la victoire et détrône le candidat sortant et maire (LR) de Maisons-Laffitte, avec 58,99% des voix.

Un véritable tremblement de terre, tant ce dernier apparaissait comme indéboulonnable sur ses terres, et qui comptait plus de vingt ans de mandat

Yaël Braun-Pivet, une femme présidente

parlementaire à son actif au Palais Bourbon.

Mais les débuts de sa présidence à la tête de la
Commission des Lois, sont chaotiques.

Au cours des discussions et en plein débat en
juillet 2017 sur la moralisation de la vie politique,
la présidente dégoupille complètement, très
critique à l'encontre de la responsable du texte,
pourtant siégeant sur les bancs de la macronie.
*"Elle est inexistante, c'est comme si elle était à
Nouméa sur une chaise longue "*.

Avant d'en remettre une couche, alors que le
micro de son interlocuteur est ouvert, estimant
avoir en face à elle " *un groupe* (LREM, Ndlr) *qui
dort, qui ne sait pas monter au créneau, qui est
vautré "*.

Faute avouée, à moitié pardonnée, Yaël Braun-
Pivet (LREM), également rapporteuse
 du texte s'excuse publiquement le 24 juillet au
sein de l'hémicycle.

Elle adresse un hommage appuyé à deux de ses
collègues, les députées de son propre camp, Paula
Forteza et Naïma Moutchou.

" *Qu'il me soit permis de remercier aussi la majorité et d'avoir une pensée particulière pour nos collègues Mesdames Naïma Moutchou et Paula Forteza auxquelles je veux redire toute ma confiance, ma reconnaissance et mon amitié* ", déclare à la tribune Yaël Braun-Pivet, arborant un large sourire et sous les applaudissements nourris de tous les députés macronistes. L'incident est clos...

Par ailleurs, Yaël Braun-Pivet s'est engagée en faveur de la proposition de loi d'Olivier Falorni sur la fin de vie.

La députée a également lancé des pistes sur la rénovation de la vie démocratique. Elle a aussi dit non en 2018 au sujet de l'inscription du droit à l'avortement dans le préambule de la Constitution.

Yaël Braun-Pivet, une femme présidente

4/ NOVICE, EXFILTREE ET DESIGNEE AU PERCHOIR

Yaël Braun-Pivet est réélue députée de
la 5e circonscription des Yvelines, le dimanche
19 juin 2022, avec 64,62 % des voix qui se sont
portées sur son nom. Elle était opposée au second
tour à Sophie Thévenet (NUPES), qui a récolté
35,38 % des suffrages exprimés.

Novice en politique dans l'hémicycle au début du
premier quinquennat d'Emmanuel Macron, la
députée des Yvelines incarne une nouvelle
génération de la gent politique au féminin.

Longs cheveux lâchés et talons hauts, Yaël Braun-
Pivet est chaleureuse, mais exigeante...

Elle va enfin pouvoir déposer ses valises, en accédant au perchoir, dans les luxueux salons de l'hôtel particulier de Lassay avec vue imprenable sur la Seine toute proche et mitoyen du Palais Bourbon...

Cinq ans plus tard après une reculade inattendue devant Richard Ferrand, les planètes sont désormais dans une trajectoire rectiligne pour qu'elle endosse les habits de première femme présidente de l'Assemblée nationale.

Yaël Braun-Pivet a 51 ans. Compétente, travailleuse acharnée et bienveillante, cette mère de cinq enfants trace sa route à la sueur de son travail parlementaire. Elle est élue par ses pairs le 28 juin 2022 avec 242 suffrages. Pourtant la macronie ne l'entendait pas de cette oreille...

Pour continuer à laisser le perchoir à Richard Ferrand et chasser de l'échiquier une possible rivale, en juin 2022, lors de la composition du gouvernement Borne première mouture, Yaël Braun-Pivet est ainsi intronisée en tant que ministre des Outre-mer, rue Odinot. 36 jours au total et puis s'en va ?

Mais le scénario prévu dans les hautes sphères du pouvoir va connaître une tuile de taille dans les isoloirs bretons de la circonscription Carhaix-Châteaulin.

Richard Ferrand, son prédécesseur est renversé le 19 juin 2022 dans son bastion du centre Finistère, fief jusqu'alors de ce marcheur de la première heure aux côtés d'Emmanuel Macron.

La chasse gardée du perchoir de l'Assemblée nationale est désormais libre d'une quelconque entrave...

L'exfiltrée Yaël Braun-Pivet se rappelle vite aux bons souvenirs de l'Assemblée nationale. Où sa désignation pour le perchoir parmi les groupes majoritaires (Renaissance, Modem et Horizons) se réalise comme une simple lettre à la poste.

Le chef de l'Etat soutenait pourtant Roland Lescure qui rebondira comme ministre délégué chargé de l'Industrie.

Après son élection, Yaël Braun-Pivet décline à son droit de résider au prestigieux hôtel de Lassay, l'habitation historique des présidents de l'Assemblée nationale.

L'emblématique bâtiment a construit par le marquis de Lassay entre 1722 et 1728. Il est édifié en même temps que le Palais Bourbon, qui accueille depuis la Révolution française de 1789 les représentants du peuple…

Depuis son élection au perchoir, la présidente affronte tous ceux qui avaient été les plus vindicatifs au moment de la commission "Benalla".

Cinq ans plus tard, Yaël Braun-Pivet a su jouer habilement sur tous les tableaux. Elle entretient d'excellents rapports à gauche comme à droite.

5/ ZENITUDE

La passionnée de voile a pour l'heure le vent en poupe et mène sa barque avec raison et discernement.

Les avis positifs sur sa personne sont nombreux dans les premiers temps de sa présidence. Même son de cloche partagé sur les bancs de l'opposition à cette époque.

Elle a su imposer son style décontracté au perchoir.

Presque jeté aux oubliettes le fiasco pour l'opinion publique laissé dans le sillage de la commission d'enquête parlementaire à l'Assemblée nationale sur l'affaire "Benalla", dont elle était co-rapporteuse durant l'été 2018.

Sous la férule du locataire de l'Elysée, elle a été suspectée à l'époque de vouloir protéger coûte que coûte le palais. Pourtant, ses marges de manœuvre étaient ipso facto réduites à néant. “ *Ma sincérité a été bousculée, à l'époque, par les jeux de pouvoir* ”, expliquait-elle en juin 2022…

De ses passages en Asie à la suite de son mari expatrié pour le travail, notamment au Japon dont elle aime à souligner “ *le raffinement* ”, Yaël Braun-Pivet y a côtoyé une certaine zénitude de l'esprit par rapport aux actes quotidiens posés. Une qualité qui va lui être primordiale dans l'arène du monde politique.

Car des tempêtes pourraient se former à l'horizon autour d'elle. Déjà depuis la fin de l'année 2022, les oreilles de la présidente de l'Assemblée nationale sifflent.

Des voix discordantes dans les rangs mêmes de la macronie commencent à s'élever. Chaque posture et geste de Yaël Braun-Pivet est aujourd'hui passé au crible par certains poids lourds de la majorité présidentielle.

On reprocherait en coulisses les possibles ambitions présidentielles de la politique de 52 ans.

Yaël Braun-Pivet l'a pourtant dit : 2027, elle n'y songe pas. Mais ce n'est pas pour autant que l'élue de Renaissance va se laisser attaquer de la sorte.

C'est aussi peut-être cette volonté de ne rien lâcher à ses adversaires qui rend Yaël Braun-Pivet une femme politique potentiellement dangereuse jusqu'à dans son propre camp.

Mais Yaël Braun-Pivet le sait aussi : en politique, il n'est jamais trop tôt pour se positionner.

Le plateau pour la présidentielle en 2027 pour la macronie se résume à trois candidats issus des rangs de la droite pour remplacer Emmanuel Macron à la fin de règne : Edouard Philippe, Gérald Darmanin et Bruno Le Maire...

De plus, l'actuel locataire de l'Elysée et la députée des Yvelines ne sont plus connectés depuis longtemps. Yaël Braun-Pivet a ainsi instauré tranquillement un autre logiciel que celui adopté par le Palais.

La communication est ainsi nulle et voire inexistante entre ces deux-là. Une situation étrange pour celle que l'on affirmait fidèle à Emmanuel Macron à son arrivée au perchoir, en juin 2022.

Le président s'irrite au début de 2023, s'agace de voir la réforme des retraites être maltraitée par toute sorte de députés frondeurs sur les bancs de l'Assemblée. La stérilité des débats l'exaspère.

De son côté, Yaël Braun-Pivet a mis avant l'usage légitime de l'article 49.3 de la Constitution par le gouvernement.

Yaël Braun-Pivet a été néanmoins attristée que le gouvernement ne soit pas parvenu à trouver " *un consensus* ". " *Nous avons tous une part de responsabilité à ne pas avoir réussi à créer ce consensus* ".

6 / L'ACTIONNAIRE YAEL BRAUN-PIVET

En plein débat sur les retraites, de vives discussions se déroulent le vendredi 17 février 2023 dans l'hémicycle.

L'examen de la réforme des retraites au Palais Bourbon en est à son dernier jour, et les échanges sont toujours aussi difficiles et âpres.

Une députée de LFI de Seine-Maritime va attaquer personnellement la présidente de l'Assemblée nationale. Alma Dufour est à la tribune pour défendre un amendement, qui sera retoqué, visant à taxer les superprofits d'entreprises comme TotalEnergies, pour renflouer les caisses des régimes de retraite.

" *Quand on sait que Madame la présidente de l'Assemblée nationale a omis de déclarer 40.000 euros d'actions chez TotalEnergies, on se pose des questions* ", dégaine-t-elle au micro.

Cette accusation fait réagir Yaël Braun-Pivet, située au perchoir : " *C'est inadmissible ce que vous venez de faire. Il y a eu une erreur du site 'Le Monde', ils viennent de corriger et la HATVP s'excuse* ", assène Yaël Braun-Pivet.

Selon la présidente : " *Il n'y avait aucune omission dans ma déclaration.*
Je vous remercie de ne pas relayer ça, c'est honteux " ...

Alma Dufour faisait référence à un article du Monde publié le mercredi 15 février 2023.

Yaël Braun-Pivet a effectué une première déclaration fin juillet, et une seconde a suivi en octobre. Cette dernière est venue s'inscrire en complément avec quelque 40.000 euros au total en actions d'Axa, LVMH ou encore TotalEnergies.

Ces titres " *figuraient dans la déclaration patrimoniale* " de Yaël Braun-Pivet, ce qui souligne qu'" *il n'y a pas d'omission* ", indique la HATVP à l'AFP.

Sur le site du Monde, on peut également relever qu'une mise à jour en ligne a été réalisée à compter de 11 heures le vendredi matin. Mais celle-ci évoque l'unique volet ayant trait à la nature exacte du patrimoine de la présidente. " *Yaël Braun-Pivet avait omis de déclarer 40 000 euros d'actions, et pas 40 000 actions* ", écrit *Le Monde* dans sa rectification.

Il est également opportun à relever que, selon Le Monde, l'omission en question ne concernerait que des actions que possède Yaël Braun-Pivet " *dans des sociétés cotées comme TotalEnergies ou BNP Paribas* ", et pas chez le seul géant pétrolier français.

La presse relaie ensuite dans le détail, la composition du portefeuille d'actions détenues actuellement par la présidente de l'Assemblée nationale.

Yaël Braun-Pivet détient 4.725 " parts " chez L'Oréal d'une valeur de 1.549327 euros, 1.000 "parts" au Crédit Agricole (8364 euros), 150 actions chez TotalEnergies (7241 euros), 170 parts chez Axa (3820 euros) et également 170 "parts" chez LVMH pour un montant de 3.662 euros.

7/ LOYALE MAIS LIBRE !

" *Elle ne passe plus les portes* ", se gaussent ses détracteurs à l'Assemblée. Certains l'accusent sournoisement déjà d'avoir un calendrier caché pour son agenda présidentiel de 2027.

Dans son style élancé et au pas alerte vers la présidentielle de 2027, Yaël Braun-Pivet joue sa partition de façon loyale pour son camp, mais décline ses notes en entonnant un chant au refrain de soliste.

Une posture personnelle ou une forme affichée de liberté qui intrigue et déplaît dans la majorité.

Quatrième plus haut personnage de l'Etat, Yaël Braun-Pivet souhaite désormais tracer sa route au gré des circonstances et du temps politique. Ce qui fait forcément grincer des dents dans les rangs macronistes.

Une femme politisée jusqu'au bout des ongles, qui n'a peur ni de son destin présidentiel, ni de la perte de sa bonne étoile. En 2027, elle pourrait avoir envie de renverser la table et d'y aller vraiment…

Elle se verrait bien à l'Elysée à la suite d'Emmanuel Macron. Et si le prochain locataire de l'Elysée s'identifiait au féminin?

L'année 2027 n'a pas encore pointé le bout de son nez, que l'après-Emmanuel Macron s'active en coulisses et au sein des écuries pré-présidentielles.

Qui sera élu(e) président(e) de la République après les deux mandatures successives d'Emmanuel Macron ?

Parmi les candidats au poste suprême : Yaël Braun-Pivet pourrait venir jouer les trouble-fêtes.

"Elle est pétrie d'ambition, elle se voit encore plus haut et je ne vois pas qui pourrait le lui reprocher. Mais attention à ne pas griller les étapes, car c'est un peu tôt pour partir en

campagne ", déclarait un ministre en off en novembre 2022.

En janvier 2023, une députée macroniste n'y va pas avec le dos de la cuillère et enfonce allègrement la présidente ⸿

" *Elle ne vient pas aux réunions du groupe Renaissance, or elle doit aussi montrer qu'elle est une députée de la majorité.* " " *Ça crée une distance entre elle et nos parlementaires... ça n'est bon ni pour elle ni pour nous* ".

L'anecdote relatée ci-dessous pourrait prêter à sourire, ou passer comme banale ou bien au contraire être révélatrice de ses velléités à venir... D'autres auraient sans doute opté pour les huîtres présidentielles à la place d'un modeste gâteau d'anniversaire, pas elle en tout cas.

Début décembre 2022 à Paris, le temps est glacial sur la capitale. Emmanuel Macron reçoit dans son palais les poids lourds de sa majorité pour évoquer le dossier des retraites.

Sur la table des convives, un plateau de fruits de mer attire le regard des fins gourmets.

Pas de celui de la présidente de l'Assemblée, Yaël Braun-Pivet qui a refusé nette l'invitation. Elle a tout simplement voulu célébrer ses 52 ans avec son époux et ses enfants…

Des ambitions à décrypter entre les lignes qui dérangent au plus haut point à l'Elysée où toute velléité émancipatrice est perçue comme une opposition, voire une traîtrise.

Les relations entre Emmanuel Macron et Yaël Braun-Pivet ont longtemps été crispées.

" *Son élection a été vue comme un petit coup d'Etat car Alexis Kohler lui avait demandé de ne pas se présenter* ", rapporte un proche de l'entourage de Yaël Braun-Pivet.

Loyale mais libre ! Loyale de suivre la majorité macronienne et son chef jusqu'à la fin de la seconde mandature, mais aussi libre de s'ouvrir grand les portes pour 2017 en posant ses jalons.

Yaël Braun-Pivet, une femme présidente

8/ AMBITIONS PRESIDENTIELLES ?

Qu'est-ce qui booste Yaël Braun-Pivet ?

Personne ou très peu ne connaissait son nom en 2017. Sa prise du perchoir en 2022 n'est pas attendue : elle n'était pas la favorite d'Emmanuel Macron. Avec ce dernier à Elysée, les relations sont toujours neutres malgré les formes policées de leurs entrevues officielles.

Yaël Braun-Pivet semble vouloir naviguer en solitaire comme en voile. C'est elle qui est au gouvernail de son bateau et choisit son cap. Elle ne veut dépendre de personne.

Elle a ainsi rendu visite notamment en septembre 2022 à Volodymyr Zelensky en Ukraine, remettant au goût du jour le rôle de la diplomatie parlementaire dévolu au président de l'Assemblée nationale.

Yaël Braun-Pivet laisse parler ses opposants, mais prépare ses prochains coups et affine sa stratégie.

Une fois par mois environ rapporte son entourage, elle va également sur le terrain dans les régions pour échanger autour de la démocratie et donner du crédit aux députés et à leurs travaux au sein de l'hémicycle.

En novembre 2022, à l'Hôtel de Lassay, Yaël Braun-Pivet installe la première *Assemblée des idées*. Les débats s'organisent ainsi entre parlementaires et citoyens, autour de sujets d'actualité avec une fréquence bimensuelle.

Certains suspectent que ses nombreux déplacements et sa volonté d'ouvrir les portes au plus grand nombre de citoyens d'être le marqueur d'ambitions présidentielles à peine caché…

Yaël Braun-Pivet, une femme présidente

CONCLUSION

Dans le microcosme politique, le nom de Yaël Braun-Pivet ne serait pas une surprise, si elle venait à être élue à la place d'Emmanuel Macron en 2027.

 Ne reste plus qu'à séduire et répondre aux fortes attentes de l'électorat.

Tout un programme en soi !

Mais pour une fois, voilà une politique qui a eu une vie bien remplie avant de basculer - à temps plein - dans le giron de la res publica.

Dans la course à l'Elysée, les postulantes dans son camp n'ont pas son poids, et Yaël Braun-Pivet le sait pertinemment.

Néanmoins, Elisabeth Borne, qui loge actuellement à Matignon, se verrait bien elle aussi un destin présidentiel, mais la fonction de Premier ministre est souvent un piège pour celui ou celle qui souhaite accéder à la magistrature suprême. Chaban, Jospin, Fillon se sont cassé les dents sur le perron de Matignon.

En 2027, Emmanuel Macron est déjà dehors de la course présidentielle, faute de pouvoir se représenter après deux mandats successifs.

Tous les paris sont donc ouverts pour sa succession.

Une histoire présidentielle pour 2027 qui s'écrit sous nos yeux, totalement captivante… Yaël Braun-Pivet, une femme présidente en 2022 de l'Assemblée nationale et peut-être une femme présidente en 2027… L'avenir nous le dira !

Yaël Braun-Pivet, une femme présidente

www.ingramcontent.com/pod-product-compliance
Lightning Source LLC
Chambersburg PA
CBHW061535250726
48657CB00005B/2233